IRMGARD DOSE

Schmuck aus Sicherheitsnadeln und Perlen

URANIA-RAVENSBURGER

Inhalt

Vorwort

Können Sie sich noch an den Zeitpunkt erinnern, als Sie Ihre ersten groben Holzperlen in den Händen hielten und daraus eine Kette fädelten? Wie stolz waren Sie damals auf Ihr Werk und wie viel Spaß hat Ihnen die Arbeit gemacht!

Nicht weniger groß ist die Freude, die Sie heute empfinden, wenn Sie wunderschöne Ketten, Ohrringe oder Armbänder mit Perlen gestalten. Anregungen finden Sie überall: So lässt sich zum Beispiel auf dem Flohmarkt alter Modeschmuck entdecken, der mit wenigen Handgriffen ein neues Aussehen erhält und zu einem herrlichen Blickfang umgearbeitet werden kann.

Was Sie auf Flohmärkten jedoch sicher nicht finden, ist die in dieser Form völlig neue Kombination von Perlen und Sicherheitsnadeln. Ob schrill oder elegant, ob witzig oder klassisch schlicht – dieses Buch liefert Anregungen und Ideen für jeden Geschmack. Das Material ist erschwinglich, und Sie müssen nicht viel Zeit investieren, um Ihr ganz besonderes Unikat zu gestalten.

Also frisch ans Werk! Ihrer Fantasie und Kreativität sind keine Grenzen gesetzt!

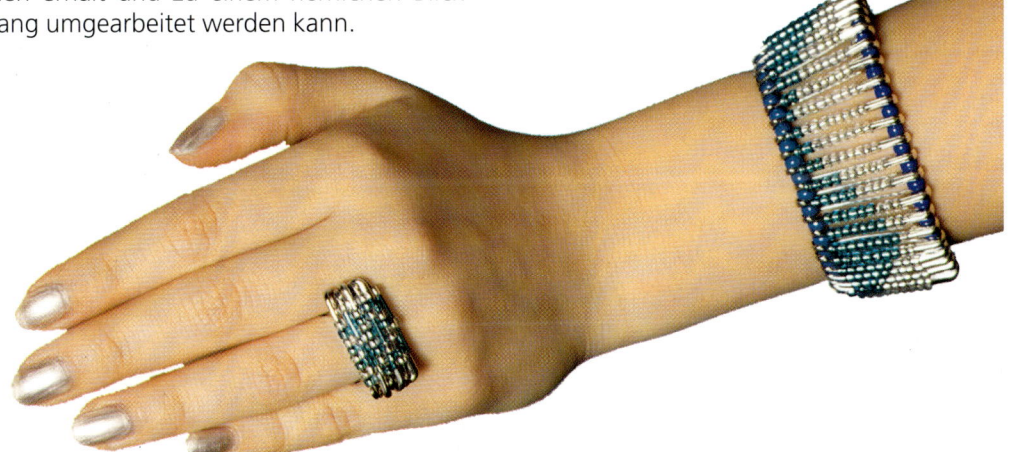

Material und Werkzeug

MATERIAL

Perlen: Für den hier präsentierten Schmuck wurden vor allem Rocailles mit 2,7 mm und Indianerperlen mit 2,5 mm Durchmesser verwendet. Die Farbpalette dieser Perlen ist groß; es gibt die Sorten in Transparent, Opak, Perlmutt und mit Silbereinzug. Natürlich können Sie auch Perlen in anderen Größen und Formen verarbeiten. Lassen Sie Ihrer Fantasie freien Lauf!

Sicherheitsnadeln: Leider lassen sich nicht alle Sicherheitsnadeln für dieses Hobby verwenden. Viele Sicherheitsnadeln sind zu dick, oder es fehlt ein Loch zum Durchfädeln auf der Kopfseite. Speziell für dieses Hobby entwickelte Nadeln bekommen Sie in Ihrem Bastelladen. Es gibt die Nadeln in folgenden Längen: 22 mm, 28 mm, 34 mm, 40 mm und 48 mm. Sicherheitsnadeln in diesen Längen sind jeweils in den Farben

Schwarz, Gold und Silber erhältlich. Sie sind nickelfrei und deshalb auch für Allergiker geeignet.

Fädelmaterial: Zum Auffädeln der Ketten können alle bekannten Fäden und Garne, wie zum Beispiel dünnes Häkelgarn, Perlonsehne oder Zwirn, verwendet werden.
Für die Armbänder, die etwas dehnbar sein müssen, brauchen Sie unbedingt den neuen „Magic Stretch Faden". Es gibt diesen Faden in zwei Stärken: 0,5 mm für Ketten und 1,0 mm für Armbänder.
Der Faden ist dehnbar, sehr glatt, lässt sich gut verknoten, und die Perlen lassen sich leicht ohne Nadel aufziehen.

Die meisten Materialien, die Sie benötigen, finden Sie im Bastelgeschäft. Es kann jedoch sein, dass Sie auch eine Parfümerie oder ein Kurzwarengeschäft aufsuchen müssen, um zum Beispiel geeignete Haarklammern oder Gürtelschnallen zu finden.
Planen Sie darum Ihren Materialeinkauf sorgfältig, genau abgestimmt auf die Teile, die Sie nacharbeiten möchten.
Abgesehen von Perlen, Sicherheitsnadeln und dem Magic Stretch Faden benötigen Sie:
• Haarklammern
• Broschenrohlinge und Broschennadeln
• Creolen
• Kettenverschlüsse
• Silber- und Messingdraht in verschiedenen Stärken
• Perlongarn mit 0,3 mm und 0,5 mm Ø
• Lederbänder
• Sekundenkleber
• 2-Komponentenkleber

Weitere Angaben finden Sie bei den Einzelbeschreibungen.

WERKZEUG
Folgendes Werkzeug sollten Sie unbedingt bereithalten:
• Flachzange
• Rundzange
• Seitenschneider
• Schere
• Pinzette
• Nagelfeile
• Zahnstocher
• Lineal oder Zollstock
Ich empfehle Ihnen, eine Moosgummiplatte in Schwarz als Arbeitsunterlage zu benutzen. Diese Platte schützt Ihre Tischplatte, die Perlen rollen weniger leicht weg, und auch kleinste Perlen und Verschlüsse sind auf der Platte gut sichtbar.

Ohrschmuck

MATERIAL

für 1 Ohrring:

1 goldene Creole,
Ø 20 mm, mit Ohrclip
1 Sicherheitsnadel, 28 mm, in Gold
2 Sicherheitsnadeln, 22 mm, in Gold
2 Sicherheitsnadeln, 18 mm, in Gold
4 Wachsperlen, Ø 6 mm, in Gold
3 Wachsperlen, Ø 4 mm, in Gold
8 Wachsperlen, Ø 3 mm, in Gold
16 Rocailles in Rosa mit Silbereinzug

MATERIAL

für 1 Ohrring:

1 Creole, Ø 15 mm, in Gold
2 Sicherheitsnadeln, 40 mm, in Gold
3 Wachsperlen, regenbogenfarben,
Ø 6 mm
13 Wachsperlen, Ø 3 mm, in Gold
10 Pailletten, Ø 6 mm, in Blau

OHRSCHMUCK UND WACHSPERLEN IN GOLD UND ROSA

Auf die lange Sicherheitsnadel jeweils im Wechsel 3 Wachsperlen, Ø 4 mm, in Gold und 3 rosa Rocailles aufziehen. Auf 2 Nadeln mit einer Länge von 28 mm jeweils im Wechsel 3 Wachsperlen, Ø 3 mm, in Gold und 3 rosa Rocailles aufziehen. 2 Nadeln mit einer Länge von 22 mm werden mit je 2 rosa Rocailles, 1 Wachsperle, Ø 3 mm, in Gold und wieder 2 rosa Rocailles bestückt. Die fertigen Nadeln mit der Öse auf die Creole ziehen. Die große Nadel wird in der Mitte platziert, die nächstkleineren beidseitig daneben und die kleinsten jeweils außen. Zwischen den Sicherheitsnadeln jeweils goldene Wachsperlen, Ø 6 mm, als Abstandshalter platzieren. Damit sich die Nadeln nicht wieder öffnen können, kneifen Sie die Köpfe mit einer Zange fest zu.

OHRSCHMUCK MIT PAILLETTEN UND WACHSPERLEN

Eine Sicherheitsnadel bestücken Sie in folgender Reihenfolge:
1 Wachsperle in Gold, 1 Paillette, 1 Wachsperle in Gold, 1 regenbogenfarbene Wachsperle, 1 Wachsperle in Gold, 1 Paillette, 1 Wachsperle in Gold, 1 regenbogenfarbene Wachsperle, 1 Wachsperle in Gold, 1 Paillette, 1 Wachsperle in Gold.

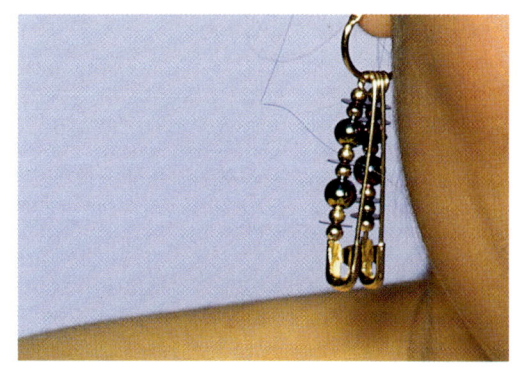

Auf die zweite Nadel werden jeweils im Wechsel 4 Wachsperlen in Gold, 4 Pailletten aufgezogen, anschließend 1 regenbogenfarbene Wachsperle und wieder jeweils im Wechsel 3 Pailletten und 3 Wachsperlen in Gold aufziehen.

Damit sich die Nadeln nicht wieder öffnen können, kneifen Sie die Köpfe mit einer Zange fest zu.
Zum Schluss die fertig bestückten Sicherheitsnadeln mit der Öse an die Creole hängen.

Bauchnabelschmuck und Fingerring

MATERIAL

1 selbstklebender Schmuckstein
für den Bauchnabel
3 Sicherheitsnadeln, 34 mm, in Gold
13 Wachsperlen, Ø 3 mm, in Gold
8 Wachsperlen, regenbogenfarben,
Ø 3 mm
6 Rocailles, Ø 2,7 mm,
in Braun mit Silbereinzug
1 Stück Messingdraht, Ø 0,6 mm

MATERIAL

1 Sicherheitsnadel, 48 mm
3 Sicherheitsnadeln, 28 mm
einige kleine Perlen,
farblich zueinander passend

FINGERRING

Zunächst biegen Sie die große Sicherheitsnadel, wie auf Bild 1 zu sehen, mit der
Rundzange zu einem Halbkreis. Biegen Sie
jede Nadelseite für sich und achten Sie darauf, dass die Bogen gleichmäßig werden.

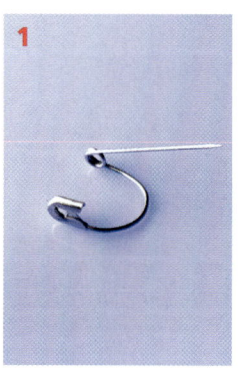
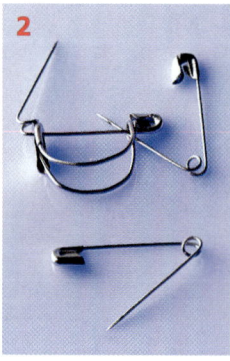

BAUCHNABELSCHMUCK

Schmucksteine für den Bauchnabel gibt es
mit Ersatzklebepads fertig zu kaufen. Sie
sind wasserfest und auch für Allergiker geeignet.
Der Schmuckstein wird mittig mit einem
Bohrloch von 1,5 mm Ø versehen.
In dieses Loch fädeln Sie den Messingdraht und versehen die Vorderseite mit
einer Öse von etwa 6 mm Ø. Die Rückseite
wird stramm umgebogen und der Draht
abgekniffen. Lassen Sie ein kurzes Draht-
ende stehen, damit der Draht nicht aus der
Bohrung rutschen kann.
Die Nadeln werden im Wechsel mit Rocailles
und Wachsperlen bestückt. Damit sich die
Nadeln nicht wieder öffnen können, kneifen
Sie die Köpfe mit einer Zange fest zu. Jetzt
werden die Klammern an der Öse des
Schmucksteins befestigt. Öse fest schließen.

Anschließend müssen die 3 kleinen Nadeln
durch Kopf und Öse der gebogenen Nadel
geführt werden. Hierfür sollten Sie die Ösen
der Nadeln mit dem Seitenschneider etwas
weiten. Achtung: nur vorsichtig drücken,

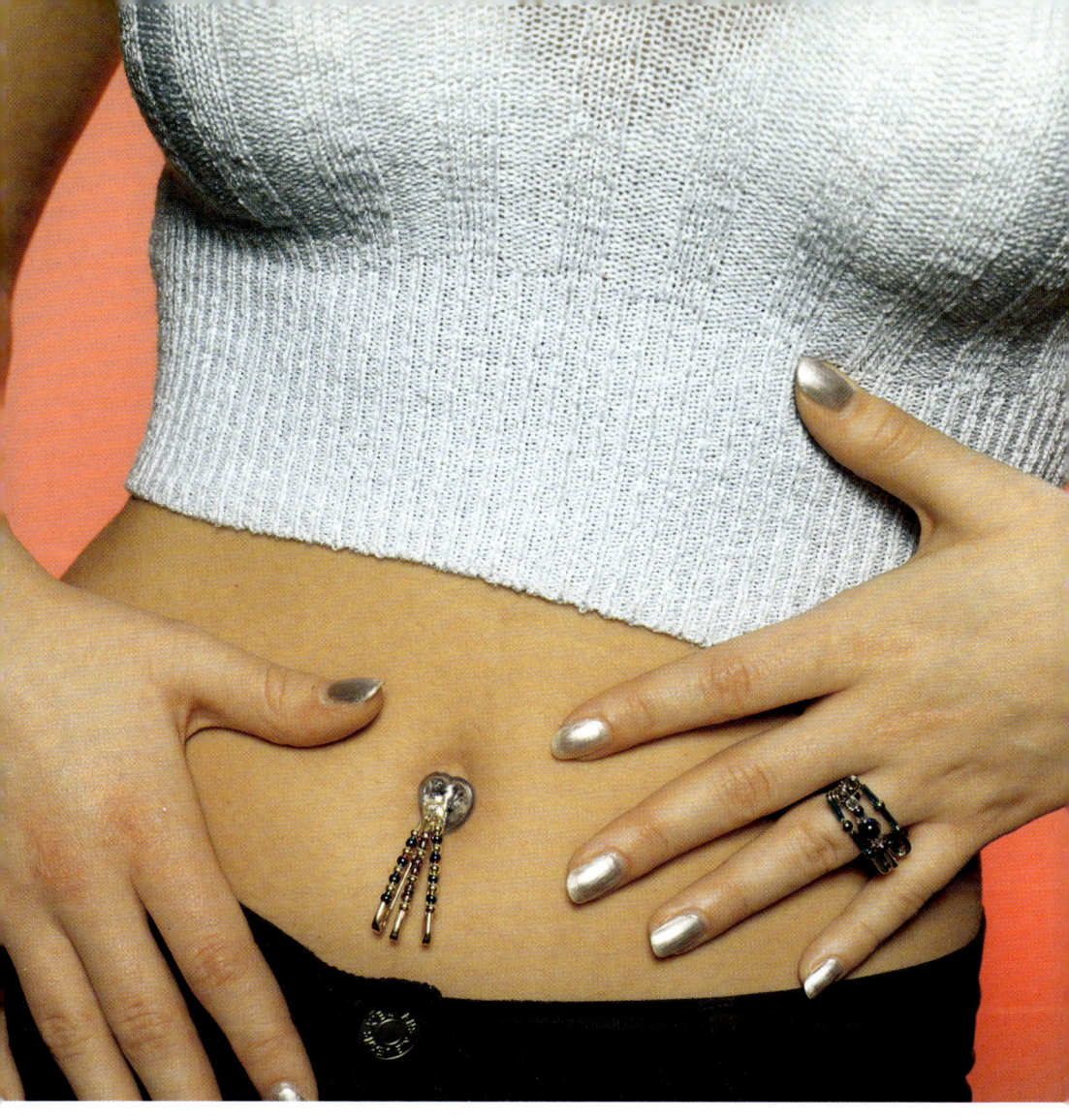

damit die Nadel nicht durchgekniffen wird! Schieben Sie nun die kleinen Nadeln durch Kopf und Öse der großen Nadel, wie auf Bild 2 verdeutlicht. An der Kopfseite der großen Nadel muss je nach Fabrikat etwas gebogen werden, um die kleinen Nadeln einfügen zu können. Nachdem Sie so alle

3 kleinen Sicherheitsnadeln angebracht haben, dekorieren Sie die Nadeln mit einigen Perlen Ihrer Wahl.
Zum Schluss unbedingt die Köpfe aller Nadeln mit der Flachzange zusammendrücken, damit sich die Sicherheitsnadeln nicht von alleine öffnen.

Fingerring und Armband in Blau und Silber

MATERIAL

6 Sicherheitsnadeln, 28 mm, in Silber
1 Fingerring-Rohling
5 Stiftperlen, 6 mm, in Hellblau
13 Rocailles, Ø 2,7 mm, in Hellblau
20 Rocailles, Ø 2,7 mm, in Farblos-Transparent

MATERIAL

45 Sicherheitsnadeln, 34 mm, in Silber
90 Indianerperlen, Ø 5 mm, in Blau
1/2 Beutel Rocailles, Ø 2,7 mm, in Transparent mit Silbereinzug
1/2 Beutel Rocailles, Ø 2,7 mm, in Türkis mit Silbereinzug
2 Magic Stretch Fäden, Ø 1 mm, von jeweils 25–30 cm Länge, in Transparent

FINGERRING

Öffnen Sie alle 6 Sicherheitsnadeln und ordnen Sie sie so an, dass die Köpfe abwechselnd nach links und rechts gerichtet sind. Mit einem dünnen Draht fixieren Sie die Nadeln auf dem Ring-Rohling. Sind alle Nadeln stramm fixiert, streichen Sie mit einem Zahnstocher 2-Komponentenkleber in die Fugen zwischen den Nadeln, um die Nadeln sowohl untereinander als auch mit dem Fingerring zu verbinden. Erst wenn der Kleber ausgehärtet ist, fädeln Sie die Perlen auf.

Bei dieser dichten Anordnung der Nadeln ist es nicht möglich, die Nadeln mit der Flachzange gegen unbeabsichtigtes Öffnen zu sichern. Geben Sie stattdessen etwas Sekundenkleber in die äußeren Nadelköpfe.

ARMBAND

Fädeln Sie die Perlen folgendermaßen auf:
1. Nadel: 1 Rocaille in Türkis und 8 Rocailles in Transparent
2. Nadel: 2 Rocailles in Türkis und 7 Rocailles in Transparent
3. Nadel: 3 Rocailles in Türkis und 6 Rocailles in Transparent
4. Nadel: 4 Rocailles in Türkis und 5 Rocailles in Transparent
5. Nadel: 5 Rocailles in Türkis und 4 Rocailles in Transparent
6. Nadel: 6 Rocailles in Türkis und 3 Rocailles in Transparent
7. Nadel: 7 Rocailles in Türkis und 2 Rocailles in Transparent
8. Nadel: 8 Rocailles in Türkis und 1 Rocaille in Transparent

Dies ist der halbe Musterrapport. Arbeiten Sie nun gegengleich (7. Nadel, 6. Nadel usw.) und beginnen Sie dann erneut von vorne. Der Rapport wird 3 x wiederholt.

Sind alle Nadeln mit Perlen bestückt, werden die Nadelköpfe mit einer Zange zugekniffen. So vermeiden Sie, dass sich die Nadeln unbeabsichtigt öffnen. Legen Sie alle Nadeln in der richtigen Reihenfolge nebeneinander. Machen Sie am Ende jedes Magic Stretch Fadens einen Knoten und fädeln Sie 1 Indianerperle als Stopper auf. Beginnen Sie nun mit dem Auffädeln der Nadeln und fügen Sie immer 1 Indianerperle als Abstandshalter dazwischen.

Ist die Arbeit fertig, werden die Fadenenden fest verknotet und der Knoten mit etwas Sekundenkleber gesichert.

Großes Collier in Rot und Silber

MATERIAL

46 Sicherheitsnadeln, 34 mm, in Silber
1 Beutel Holzperlen, Ø 6 mm, in Rot
1/2 Beutel Rocailles, Ø 2,7 mm, in Transparent mit Silbereinzug
2 Perlonfäden, Ø 0,3 mm, von jeweils 25 cm Länge
1 Perlonfaden, Ø 0,3 mm, von 70 cm Länge
1 Kettenverschluss in Silber

Beginnen Sie an einem Ende des langen Fadens und knoten Sie zunächst eine Seite des Kettenverschlusses daran fest. Je nach gewünschter Kettenlänge ziehen Sie 30 bis 40 Holzperlen im Wechsel mit Rocailles auf. Es folgen dann 16 Sicherheitsnadeln, die Sie jeweils am Kopf im Wechsel mit je 1 Rocaille aufziehen. Anschließend dieselbe Anzahl an Holzperlen und Rocailles wie zuvor aufziehen. Verknoten Sie das Fadenende mit der anderen Seite des Kettenverschlusses.

Um das Collier zu vollenden, versehen Sie die kurzen Perlonfäden mit je 1 Holzperle.

Mit dem 1. Faden fädeln Sie, links oder rechts beginnend, durch die Öse der 1. Nadel, ziehen 1 neue Nadel am Kopf auf, fügen 1 Rocaille hinzu und fädeln 1 weitere Nadel auf. Jetzt folgt die 2. der bereits aufgezogenen Nadeln. Dann ziehen Sie wieder im Wechsel 1 neue Nadel, 1 Rocaille, 1 neue Nadel auf. Fahren Sie so fort, bis zwischen den 16 Nadeln der vorigen Reihe alle 30 neuen Nadeln angebracht sind. Das Ende des Fadens wieder mit 1 Holzperle verknoten.

Die Ösenseite der unteren Nadelreihe wird jetzt, immer im Wechsel mit 1 Holzperle, auf den letzten Faden aufgezogen. Den Faden wieder mit 1 Perle als Abschluss verknoten und alle Knoten des Colliers mit Sekundenkleber sichern. Die Nadelköpfe fest zukneifen.

Lederband mit schwarzen Perlen

MATERIAL

2 Sicherheitsnadeln, 40 mm, in Silber
4 Sicherheitsnadeln, 34 mm, in Silber
4 Sicherheitsnadeln, 28 mm, in Silber
4 Sicherheitsnadeln, 22 mm, in Silber
6 Glastropfen, 12 mm
2 Wachsperlen, Ø 6 mm, in Silber
2 Wachsperlen, Ø 6 mm, in Schwarz
einige Rocailles, Ø 2,7 mm,
in Transparent mit Silbereinzug
einige Indianerperlen, Ø 2,5 mm,
in Schwarz
einige schwarze Perlen in unter-
schiedlichen Größen
1 Lederband, Ø 2 mm, in Silber
1 Lederbandverschluss mit Federring

Wie gut, dass es Flohmärkte gibt! Auf einem dieser Märkte entdeckte ich eine alte Kette aus vielen schwarzen Perlen in verschiedenen Größen. Diese Perlen verarbeitete ich zusammen mit modernen Perlen und Sicherheitsnadeln. Vielleicht machen Sie auch einmal eine ähnliche Entdeckung? Wenn Sie keine antiquarischen Perlen finden, können Sie natürlich auch andere schwarze Perlen aus dem Bastelhandel verwenden.

Die großen Nadeln werden jeweils mit 2 schwarzen Indianerperlen, 1 schwarzen Wachsperle, 1 Glastropfen und 3 schwarzen Indianerperlen bestückt. Auf 2 Sicherheitsnadeln von 34 mm Länge ziehen Sie jeweils 2 Indianerperlen, 1 Glastropfen und 2 Indianerperlen auf. Die anderen beiden Nadeln von 34 mm Länge bestücken Sie mit je 5 Indianerperlen, 1 Wachsperle in Silber und wieder 5 Indianerperlen. 2 der 28 mm langen Nadeln werden mit je 1 Indianerperle, 1 Glastropfen und 1 Indianerperle bestückt. Auf die anderen beiden Nadeln ziehen Sie 3 transparente Rocailles, 1 Indianerperle und wieder 3 transparente Rocailles auf. 2 der kleinen Nadeln werden mit 4 Indianerperlen, 1 Rocaille und 3 Indianerperlen bestückt. Auf die letzten beiden Nadeln ziehen Sie jeweils im Wechsel 1 transparente Rocaille und 1 Indianerperle auf. Die bestückten Nadeln werden (an der Öse) im Wechsel mit schwarzen Perlen, die nach außen hin kleiner werden, auf das Lederband gezogen. Die Köpfe der Nadeln mit einer Zange gegen ein unbeabsichtigtes Aufspringen sichern. Zuletzt bringen Sie das Lederband auf die richtige Länge und versehen es mit dem Lederbandverschluss.

Kette mit blauen Stiftperlen

MATERIAL

6 Sicherheitsnadeln, 48 mm, in Gold
12 Stiftperlen, 20 mm, in Blau
25 Stiftperlen, 12 mm, in Blau
86 Rocailles, Ø 5 mm,
in Blau-Transparent
18 Wachsperlen, Ø 4 mm, in Gold
6 Verbindungsringe, Ø 5 mm, in Gold
1 Magic Stretch Faden, Ø 0,5 mm,
von 80 cm Länge, in Transparent
1 Kettenverschluss

Die nicht zu öffnenden Seiten der 6 großen Sicherheitsnadeln werden in der Mitte mit dem Seitenschneider durchtrennt. Auf die Ösenseite werden je 2 Rocailles, auf die Kopfseite wird je 1 Rocaille geschoben. Die Enden der durchtrennten Nadeln mit etwas Sekundenkleber versehen und je 1 Stiftperle von 20 mm Länge darüber schieben, sodass sich die beiden Nadelhälften wieder verbinden. Die Nadeln flach hinlegen und den Kleber aushärten lassen. Anschließend werden auch die offenen Nadelseiten mit 2 Rocailles, 1 Stiftperle und 1 Rocaille bestückt. Versehen Sie nun die Nadelösen mit den Verbindungsringen. Sie können diese Ringe fertig kaufen oder mit der Rundzange selbst biegen.

Jetzt wird die Kette aufgefädelt. Beginnen Sie mit einer Seite des Verschlusses und verknoten Sie das Seitenteil mit einem Fadenende. Es folgen ✳ 1 Rocaille, 1 Stiftperle von 12 mm Länge, 1 Rocaille und 1 Wachsperle. Die Perlenfolge wird ab ✳ 9 x wiederholt. Nun folgen die Sicherheitsnadeln. Zwischen 2 Rocailles wird die 1. Nadel an dem Verbindungsring eingehängt. Es folgt 1 Stiftperle von 12 mm Länge und wieder 1 Rocaille, 1 Nadel, 1 Rocaille. Haben Sie so alle 6 Nadeln angebracht, wird die andere Seite der Kette, wie zuvor beschrieben, bestückt. Nun können Sie die 2. Seite des Kettenverschlusses anknoten. Damit die Knoten sich nicht wieder lösen können, werden sie mit Sekundenkleber gesichert. Vergessen Sie nicht, alle Nadelköpfe fest zuzukneifen, um ein unbeabsichtigtes Aufspringen der Nadeln zu vermeiden.

Bauchkette mit bunten Rocailles

MATERIAL

49 Sicherheitsnadeln, 40 mm, in Silber
46 Verbindungsringe, Ø 10 mm, in Silber (Drahtstärke ca. 1 mm)
1 Federring, Ø 10 mm, in Silber
1 Karabinerhaken in Silber
2 Beutel Rocailles, Ø 2,7 mm, bunt sortiert mit Silbereinzug

Alle Nadeln komplett mit bunten Rocailles bestücken und die Nadelköpfe mit der Flachzange gegen unbeabsichtigtes Öffnen sichern.

Die Verbindungsringe können Sie fertig kaufen, aber auch leicht mit der Rundzange selber formen. Verbinden Sie die Sicherheitsnadeln miteinander, indem Sie die Ringe jeweils in die Öse einer Nadel und die Kopföffnung einer weiteren Nadel einhängen. Die Ringe sorgfältig mit der Flachzange schließen.

Verbinden Sie so viele Sicherheitsnadeln miteinander, bis die gewünschte Taillenweite (oder die doppelte Taillenweite, wie auf der Abbildung zu sehen) erreicht ist. An dieser Stelle drehen Sie nun den Federring ein.

Anschließend fügen Sie den Karabinerhaken ein und hängen noch 2 oder 3 kürzere Kettenstücke an, die auf dieselbe Weise gestaltet wurden wie die übrige Kette.

TIPP

Auf diese Art und Weise können Sie auch eine hübsche Fußkette gestalten. Hierfür sollten Sie jedoch kleinere Sicherheitsnadeln (22 mm) und kleinere Verbindungsringe (Ø 6 mm) verwenden.

Halsreif in Gold mit schwarzen Perlen

MATERIAL

5 Sicherheitsnadeln, 40 mm, in Gold
2 Sicherheitsnadeln, 34 mm, in Gold
2 Sicherheitsnadeln, 28 mm, in Gold
7 Oliven, 12 mm, in Gold
4 Stiftperlen, 10 mm, in Gold
32 Rocailles, Ø 2,7 mm,
in Gold mit Silbereinzug
41 Indianerperlen, Ø 5 mm,
in Schwarz
6 Indianerperlen, Ø 2,5 mm,
in Schwarz
1 Halsreif mit aufgeschraubten
Endkugeln in Gold

3 der 5 Sicherheitsnadeln von 40 mm Länge werden mit je 1 Rocaille, 1 Indianerperle (Ø 5 mm), 1 Rocaille, 1 Olive, 1 Rocaille, 1 Indianerperle (Ø 5 mm) und 1 Rocaille bestückt. Auf die restlichen beiden langen Nadeln werden Indianerperlen (Ø 5 mm) und Rocailles im Wechsel aufgezogen.

Die Sicherheitsnadeln von 34 mm Länge werden mit 1 Rocaille, 1 Indianerperle (Ø 5 mm), 1 Rocaille, 1 Stiftperle, 1 Rocaille, 1 Indianerperle (Ø 5 mm) und 1 Rocaille bestückt. Auf die kleinen Sicherheitsnadeln schieben Sie 1 Indianerperle (Ø 2,5 mm), 1 Rocaille, 1 Indianerperle (Ø 2,5 mm), 1 Stiftperle, 1 Indianerperle (Ø 2,5 mm) und 1 Rocaille.

Kneifen Sie die Nadelköpfe mit der Zange fest zu, um ein unbeabsichtigtes Öffnen zu vermeiden. Entfernen Sie die aufgeschraubten Endkugeln des Halsreifen und fädeln Sie die Nadeln abbildungsgemäß auf den Halsreif auf. Als Abstandshalter wird nach jeder Nadel 1 Indianerperle (Ø 5 mm) platziert. Sind alle Nadeln aufgezogen, beidseitig noch jeweils 2 Indianerperlen (Ø 5 mm), 1 Olive, 2 Indianerperlen (Ø 5 mm), 1 Olive und 2 Indianerperlen (Ø 5 mm) auffädeln. Zum Schluss die Endkugeln wieder aufschrauben.

Kette in Schwarz und Silber

MATERIAL

26 Sicherheitsnadeln, 28 mm,
in Silber
1 Beutel Rocailles, Ø 2,7 mm,
in Transparent mit Silbereinzug
1 1/2 Beutel Indianerperlen, Ø 5 mm,
in Schwarz
1 Perlonfaden, Ø 0,3 mm,
von 20 cm Länge
2 Perlonfäden, Ø 0,3 mm,
von je 45 cm Länge
1 schwarze Perle, Ø ca. 17 mm,
als Abschlussperle
1 Kettenverschluss in Silber

An jedem langen Fadenende wird ein Kettenverschlussteil angebracht. Fädeln Sie auf jeden langen Perlenfaden abwechselnd ca. 50 x 1 Indianerperle und 1 Rocaille. Anschließend werden je Faden 13 Sicherheitsnadeln an den Köpfen aufgefädelt. Zwischen die Sicherheitsnadeln jeweils 1 Indianerperle als Abstandshalter einfügen. Anschließend die Fäden nochmals mit 10 In-

dianerperlen und 10 Rocailles im Wechsel bestücken.

Jetzt werden die beiden Kettenhälften zusammengebracht: Knoten Sie an das Ende des kurzen Fadens 1 Indianerperle und ziehen Sie die oberste Sicherheitsnadel jeder Kettenhälfte an der Öse auf den kurzen Faden auf. Es folgt 1 Indianerperle als Abstandshalter. Ziehen Sie auf diese Weise alle Sicherheitsnadeln auf und achten Sie darauf, dass die Nadel, die von links kommt, immer über der Nadel liegt, die von rechts kommt. Nachdem so alle Nadeln aufgezogen wurden, wird der Rest des kurzen Fadens noch mit je 6 Indianerperlen und 6 Rocailles im Wechsel bestückt. Durch die nächste Indianerperle ziehen Sie jetzt, nachdem Sie die Stopperperlen entfernt haben, die Enden der langen Fäden.

Führen Sie nun alle drei Fäden gemeinsam durch beliebig viele Indianerperlen und Rocailles (immer im Wechsel). Ziehen Sie die große Abschlussperle auf und verknoten Sie die Enden. Damit sich die Knoten nicht lösen können, werden sie mit Sekundenkleber gesichert.

Armbanduhr

MATERIAL

1 preiswerte Armbanduhr
(Armband entfernen!)
48 Sicherheitsnadeln, 22 mm,
in Silber
40 Indianerperlen, Ø 5 mm,
in Schwarz
40 Rocailles, Ø 2,7 mm, in Silber
40 Indianerperlen, Ø 2,5 mm,
in Schwarz
4 Magic Stretch Fäden, Ø 1 mm,
von je 20 cm Länge, in Schwarz
1 Bundverschluss, 20 mm, in Schwarz
4 Ringe, Ø ca. 5 mm, aus Silberdraht
mit einer Stärke von ca. 1 mm

Bestücken Sie 10 Sicherheitsnadeln im Wechsel mit je 4 Rocailles und 3 Indianerperlen (Ø 2,5 mm). Zwicken Sie die Köpfe der Nadeln gegen unbeabsichtigtes Öffnen mit der Flachzange zu. Auch die restlichen 38 Sicherheitsnadeln sollten unbedingt fest zugekniffen werden. An den Enden der Magic Stretch Fäden befestigen Sie die Ringe aus Silberdraht.

Jetzt können die Nadeln aufgezogen werden. ✽ Führen Sie die Fäden auf jeder Armbandseite durch 4 Sicherheitsnadeln ohne Perlen. Die Sicherheitsnadeln sind so ausgerichtet, dass immer abwechselnd durch Kopf und Öse gefädelt wird. Anschließend ziehen Sie 1 Indianerperle (Ø 5 mm) als Abstandshalter auf.

Dann wird eine der mit Perlen versehenen Nadeln aufgefädelt. Es folgt wieder 1 Indianerperle. Ab ✽ 5 x wiederholen bzw. so lange, bis die erforderliche Armbandlänge erreicht ist.

Am Ende die Fäden mit den Bundverschlussteilen verknoten. Sind alle Fäden fest verknotet, sollten die Knoten mit Sekundenkleber gesichert werden. Zum Schluss die Ringe aus Silberdraht am Uhrengehäuse anhängen.

Kette mit Wachsperlen in Regenbogenfarben

MATERIAL

5 Sicherheitsnadeln, 48 mm, in Silber
28 Stiftperlen, 20 mm, in Silber
44 Wachsperlen, Ø 6 mm,
in Regenbogenfarben
5 Verbindungsringe, Ø 6 mm,
in Silber
1 Kettenverschluss
1 Perlonfaden, Ø 0,3 mm,
von 80 cm Länge

Die nicht zu öffnenden Seiten der 5 Sicherheitsnadeln werden in der Mitte mit dem Seitenschneider durchtrennt. Auf die Ösenseite und die Kopfseite wird jeweils 1 Wachsperle geschoben. Die Enden der durchtrennten Nadeln mit etwas Sekundenkleber versehen und je 1 Stiftperle darüber schieben, sodass sich die beiden Nadelhälften wieder verbinden. Die Nadeln flach hinlegen und den Kleber aushärten lassen. Anschließend werden auch die offenen Nadelseiten mit 1 Wachsperle, 1 Stiftperle und 1 Wachsperle bestückt. Versehen Sie nun die Nadelösen mit den Verbindungsringen. Sie können diese Ringe fertig kaufen oder mit der Rundzange selbst biegen.

Das Auffädeln ist dann ganz einfach: Versehen Sie ein Ende des Perlonfadens mit einer Hälfte des Kettenverschlusses. Ziehen Sie dann im Wechsel je 7 Wachs- und 7 Stiftperlen auf. Danach fädeln Sie die Sicherheitsnadeln auf, die Sie jeweils zwischen 2 Wachsperlen platzieren. Außerdem fügen Sie jeweils 1 Stiftperle als Abstandshalter zwischen den Nadeln ein. Nun fädeln Sie erneut jeweils im Wechsel 7 Wachs- und 7 Stiftperlen auf und bringen zum Schluss die 2. Hälfte des Kettenverschlusses an.

TIPP

Die Knoten in den Perlonfäden halten besser, wenn sie vorsichtig mit etwas Sekundenkleber betupft werden.

Kette in Rot und Silber

MATERIAL

14 Sicherheitsnadeln, 34 mm,
in Silber

12 Sicherheitsnadeln, 28 mm,
in Silber

12 Sicherheitsnadeln, 22 mm,
in Silber

1 Beutel Rocailles, Ø 2,7 mm,
in Rot mit Silbereinzug

1 Beutel Rocailles, Ø 2,7 mm,
in Transparent mit Silbereinzug

1 Beutel Indianerperlen,
Ø 5 mm, in Rot

20 Stiftperlen, 7 mm, in Silber

1 Perlonfaden, Ø 0,3 mm,
von ca. 80 cm Länge

1 Kettenverschluss in Silber

Die langen Sicherheitsnadeln werden mit je 3 roten, 3 transparenten und 3 roten Rocailles bestückt. Auf die Nadeln mit einer Länge von 28 mm werden je 2 rote, 3 transparente und 2 rote Rocailles aufgezogen. Die 12 kurzen Nadeln bestücken Sie mit je 2 roten, 2 transparenten und wieder 2 roten Rocailles. Bevor die Kette aufgezogen wird, sollten die Sicherheitsnadeln unbedingt mit einer Zange gegen das Aufspringen gesichert werden.

Nun werden die Nadeln aufgefädelt. Beginnen Sie mit den 14 großen Nadeln und schieben Sie immer 1 Indianerperle als Abstandshalter zwischen die Nadeln. Ziehen Sie links und rechts von diesen Nadeln je 6 Sicherheitsnadeln mit einer Länge von 28 mm auf und fädeln Sie anschließend je 6 kurze Nadeln auf jeder Seite auf. Danach so lange auf jeder Seite 1 Indianerperle, 1 transparente Rocaille, 1 rote Rocaille, 1 transparente Rocaille, 1 Indianerperle, 1 Stiftperle im Wechsel aufziehen, bis die gewünschte Kettenlänge erreicht ist. Zum Schluss knoten Sie den Kettenverschluss an und sichern den Knoten mit Sekundenkleber.

Buchstabenarmband

MATERIAL

Sicherheitsnadeln, 40 mm, in Gold
Indianerperlen, Ø 5 mm,
in Schwarz und Weiß
2 Verbindungsringe, Ø 8 mm, in Gold
2 Karabinerhaken in Gold
2 Perlonfäden, Ø 0,5 mm,
von je 30 cm Länge

Die Buchstabenzahl bestimmt die Länge des Armbandes. Mit 50 Nadeln erreichen Sie eine Armbandlänge von etwa 20 cm. Dem Fädelschema auf S. 46f. entnehmen Sie die Anzahl der Nadeln, die Sie für die geplanten Buchstaben benötigen.

Namen mit mehr als 6 Buchstaben ergeben ein Armband, das für ein schmales Damenhandgelenk bereits zu groß wäre. Ist die Zahl der für die Schriftzeichen erforderlichen Sicherheitsnadeln kleiner als die für das Armband erforderliche Anzahl, werden zwischen den Zeichen und am Anfang und Ende des Armbandes Nadeln eingefügt, die nur mit Perlen in der Grundfarbe verziert sind.

Gestalten Sie die benötigten Buchstaben nach dem Fädelschema. Haben Sie alle Perlen aufgezogen, werden die Nadelköpfe mit einer Zange gegen das unbeabsichtigte Aufspringen gesichert.

Knoten Sie je 1 Verbindungsring an beide Perlonfäden an. Ziehen Sie nun die Sicherheitsnadeln in der richtigen Reihenfolge auf und fügen Sie jeweils 1 Indianerperle als Abstandshalter ein. Zum Schluss werden die Karabinerhaken angeknotet. Damit sich die Knoten nicht wieder lösen können, werden sie mit Sekundenkleber gesichert.

TIPP

Gestalten Sie einen individuellen Gürtel, indem Sie ein solches Buchstabenband aus Sicherheitsnadeln über einen Ledergürtel ziehen!

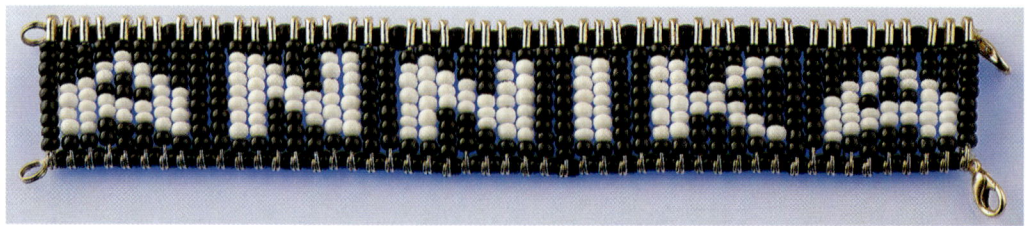

Perlenkette in Schwarz und Grün mit Pailletten

MATERIAL

3 Sicherheitsnadeln, 40 mm, in Schwarz

6 Sicherheitsnadeln, 34 mm, in Schwarz

4 Sicherheitsnadeln, 28 mm, in Schwarz

1 Beutel Pailletten, Ø 6 mm, in Dunkelblau

20 Rocailles, Ø 2,7 mm, in Gold-Transparent

40 Rocailles, Ø 2,7 mm, in Grün

1 Beutel Indianerperlen, Ø 2,5 mm, in Grün-Metallic

8 Stiftperlen, 7 mm, in Gold

2 Wachsperlen, Ø 6 mm, in Gold

1 Kettenverschluss in Gold

1 Perlonfaden, Ø 0,3 mm, von ca. 80 cm Länge

Auf 1 Sicherheitsnadel von 40 mm Länge sowie auf jeweils 2 Sicherheitsnadeln von 34 mm und 28 mm Länge werden abwechselnd Pailletten und Indianerperlen aufgezogen. Die restlichen beiden langen Sicherheitsnadeln bestücken Sie mit je 1 Indianerperle, 1 Rocaille in Gold-Transparent, 4 Indianerperlen, 2 Rocailles in Gold-Trans-

parent, 4 Indianerperlen, 1 Rocaille in Gold-Transparent sowie 1 Indianerperle. Auf 2 Nadeln mit einer Länge von 34 mm ziehen Sie 1 Indianerperle, 1 Paillette, 1 Indianerperle, 1 Stiftperle, 1 Indianerperle, 1 Paillette, 1 Indianerperle, 1 Stiftperle und 1 Indianerperle auf. Die letzten beiden Sicherheitsnadeln in dieser Länge bestücken Sie mit 1 Indianerperle, 1 Stiftperle, 1 Wachsperle, 1 Stiftperle, 1 Indianerperle. Auf die restlichen beiden kleinen Sicherheitsnadeln werden je 3 Rocailles in Gold-Transparent, 3 Indianerperlen und wieder 3 Rocailles in Gold-Transparent aufgezogen.

An ein Perlonfadenende einen Teil des Kettenverschlusses anknoten. Ziehen Sie die Indianerperlen und die grünen Rocailles über eine Länge von etwa 6 cm im Wechsel auf. Anschließend ✳ 1 Paillette und 3 Indianerperlen aufziehen. Ab ✳ wiederholen, bis weitere 13 bis 14 cm der Kette bestückt sind. Fädeln Sie nun die Sicherheitsnadeln abbildungsgemäß auf. Zwischen den Nadeln immer 1 Paillette, 1 Indianerperle, 1 Paillette aufziehen. Die Pailletten verhindern, dass die Ösen der Nadeln über die kleinen Indianerperlen rutschen.

Ziehen Sie dann die 2. Hälfte der Kette gegengleich auf und knoten Sie am Ende die andere Hälfte des Kettenverschlusses an. Damit sich die Knoten nicht lösen können, werden sie mit etwas Sekundenkleber fixiert.

Haarklammer in Silber und Blau

MATERIAL

Haarklammer in Silber
18 Sicherheitsnadeln, 34 mm, in Silber
6 Verbindungsringe, Ø ca. 8 mm, in Silber
36 Indianerperlen, Ø 2,5 mm, in Blau
77 Indianerperlen, Ø 2,5 mm, in Blauweiß gestreift
8 Stiftperlen, 20 mm, in Blau

Achten Sie beim Kauf der Haarklammer darauf, dass diese einige Öffnungen hat, sodass die Verbindungsringe befestigt werden können.

Bestücken Sie 4 Sicherheitsnadeln mit je 1 Stiftperle, 2 Sicherheitsnadeln jeweils im Wechsel mit 6 Indianerperlen in Blau und 5 Indianerperlen in Blauweiß gestreift, 1 Sicherheitsnadel mit 6 Indianerperlen in Blau und 6 Indianerperlen in Blauweiß gestreift (immer 2 im Wechsel) sowie 2 Sicherheitsnadeln nur mit blauweiß gestreiften Indianerperlen. Hängen Sie 2 Nadeln mit Stiftperlen, 2 Nadeln mit blauweiß gestreiften Perlen und 1 Nadel mit blauen und blauweiß gestreiften Perlen im Wechsel in 1 Verbindungsring ein. Fügen Sie in den Kopf der mittleren Nadel 1 weiteren Verbindungsring ein, den Sie mit 2 Nadeln mit Stiftperlen und 1 Nadel mit blauen und blauweiß gestreiften Perlen (immer 2 im Wechsel) bestücken. In den Kopf der mittleren Nadel wird wiederum 1 Verbindungsring mit 1 Nadel, bestückt mit blauen und blauweiß gestreiften Perlen, angehängt. Den oberen Verbindungsring hängen Sie in eine Öffnung an der Haarklammer ein.

Auf der anderen Seite der Haarklammer verfahren Sie entsprechend. Denken Sie daran, die Köpfe aller Sicherheitsnadeln fest zuzukneifen, um ein ungewolltes Aufspringen zu vermeiden.

Filigrane Brosche mit Goldnadelverzierung

MATERIAL

1 filigranes Broschenteil aus dem Trachtenladen
9 Sicherheitsnadeln, 34 mm, in Gold
1 Sicherheitsnadel, 40 mm, in Gold
9 Verbindungsringe, Ø ca. 8 mm
26 Rocailles, Ø 2,7 mm, in Orange mit Silbereinzug
25 Rocailles, Ø 2,7 mm, in Braun mit Silbereinzug
4 Stiftperlen, 7 mm, in Braun
12 Diskusperlen in Gold

Das filigrane Broschenteil war ein Zufallsfund im Trachtenladen. Ich klebte eine 34 mm lange Sicherheitsnadel auf die Rückseite, hängte mit Hilfe von Verbindungsringen 9 unterschiedlich dekorierte, goldene Sicherheitsnadeln an und gestaltete so eine herrliche Brosche.

Auf die längste Nadel, die später in der Mitte der Brosche angehängt wird, werden jeweils im Wechsel 2 Rocailles in Orange und 2 Rocailles in Braun aufgereiht. Es folgen 3 Rocailles in Braun und wieder 2 Rocailles in Orange und 2 Rocailles in Braun (jeweils im Wechsel).

Die beiden 34 mm langen Nadeln, die später links und rechts der Mitte hängen, werden jeweils mit 1 Rocaille in Braun, 1 Stiftperle, 1 Diskusperle, 1 Stiftperle und 1 Rocaille in Braun versehen. Dann folgen 2 Sicherheitsnadeln, die mit Rocailles in Orange und Braun im Wechsel bestückt sind. Auf 2 weitere Sicherheitsnadeln werden jeweils 2 Rocailles in Orange, 1 Diskusperle, 1 Rocaille in Orange, 1 Diskusperle und wieder 2 Rocailles in Orange aufgezogen.

Die beiden Sicherheitsnadeln, die ganz außen befestigt werden, bestücken Sie mit 1 Rocaille in Braun, 3 Diskusperlen und 1 Rocaille in Braun.

Kneifen Sie die Nadeln fest zu und befestigen Sie sie mit fertig gekauften oder selbst gebogenen Verbindungsringen abbildungsgemäß an dem Broschenteil.

Brosche mit Wachsperlentropfen

MATERIAL

1 runde oder ovale Seidenmalbrosche,
Ø ca. 60 mm, in Schwarz
1 Sicherheitsnadel, 48 mm, in Silber
1 Sicherheitsnadel, 40 mm, in Silber
6 Sicherheitsnadeln, 34 mm, in Silber
4 Sicherheitsnadeln, 28 mm, in Silber
4 Sicherheitsnadeln, 22 mm, in Silber
1/2 Beutel Rocailles, Ø 2,7 mm,
in Farblos-Transparent mit
Silbereinzug
13 tropfenförmige Wachsperlen,
ca. 4 x 6 mm, in Weiß
4 Stiftperlen, 20 mm, in Silber

deln mit einer Länge von 34 mm werden jeweils mit 2 Rocailles, 1 Wachsperlentropfen, 1 Rocaille, 1 Wachsperlentropfen und 1 Rocaille bestückt. Auf 4 Nadeln mit einer Länge von 28 mm werden jeweils 3 Rocailles, 1 Wachsperlentropfen und 2 Rocailles aufgezogen. 2 Nadeln mit einer Länge von 22 mm werden mit jeweils 5 Rocailles versehen. Die letzten beiden Nadeln mit einer Länge von 22 mm werden mit 1 Rocaille, 1 Wachsperlentropfen und 2 Rocailles bestückt.

Die fertig gestalteten Nadeln mit einer Zange fest zukneifen und abbildungsgemäß an der Öse auf die große Sicherheitsnadel aufziehen.

Die sich nicht öffnende Seite der längsten Nadel wird mit 2-Komponentenkleber auf die Rückseite der Brosche geklebt.
Auf die 40 mm lange Nadel im Wechsel Rocailles und Wachsperlentropfen aufziehen. 4 Nadeln mit einer Länge von 34 mm werden mit je 1 Stiftperle bestückt. 2 Na-

Armband mit Rocailles und Gürtel mit Holzperlen

MATERIAL

Je nach Armumfang 40 bis 48 Sicherheitsnadeln, 40 mm, in Silber
1 Beutel Rocailles, Ø 2,7 mm, bunt sortiert mit Silbereinzug
1 Beutel Indianerperlen, Ø 5 mm, in Weiß
2 Magic Stretch Fäden, Ø 1 mm, von 30–35 cm Länge, in Schwarz

MATERIAL

140 Sicherheitsnadeln, 34 mm, in Silber
7 Beutel Holzperlen, Ø 4 mm, in Rot
5 Beutel Holzperlen, Ø 5 mm, in Natur
1 Beutel Holzperlen, Ø 6 mm, in Rot
1 Gummiband, 20 mm breit, von ca. 80 cm Länge, in Schwarz
2 Magic Stretch Fäden, Ø 1 mm, von ca. 100 cm Länge, in Schwarz
1 Gürtelverschluss

ARMBAND

Auf alle Nadeln Rocailles aufziehen und die Köpfe der Nadeln mit der Flachzange zusammendrücken. Die Nadeln auf die beiden Magic Stretch Fäden aufziehen. Damit Ihnen die Perlen und Nadeln nicht wieder vom Faden rutschen, verknoten Sie je ein Ende der Fäden mit 1 Indianerperle als Stopper. Die Sicherheitsnadeln so aufziehen, dass abwechselnd Kopf und Öse oben liegen. Zwischen jede Nadel wird 1 Indianerperle eingefügt. Ist die erforderliche Länge des Armbandes erreicht, entfernen Sie die Stopperperle und verknoten die Enden. Damit sich die Knoten nicht wieder lösen können, werden sie mit etwas Sekundenkleber gesichert.

GÜRTEL

Der hier gezeigte Gürtel ist ohne Schnalle und Zugabe für die Befestigung 75 cm lang. Es wurden 140 mit Perlen bestückte Nadeln verarbeitet. Für 10 cm Gürtellänge benötigen Sie etwa 18 Nadeln. Aus diesen Angaben errechnen Sie, wie viele mit Perlen bestückte Sicherheitsnadeln Sie für Ihr Taillenmaß benötigen.

Eine Hälfte der Nadeln bestücken Sie jeweils mit 2 Perlen in Natur, 2 Perlen in Rot und wieder 2 Perlen in Natur. Auf die andere Hälfte der Nadeln werden 2 Perlen in Rot, 2 Perlen in Natur und 2 Perlen in Rot aufgezogen. Ist diese Fleißaufgabe geschafft,

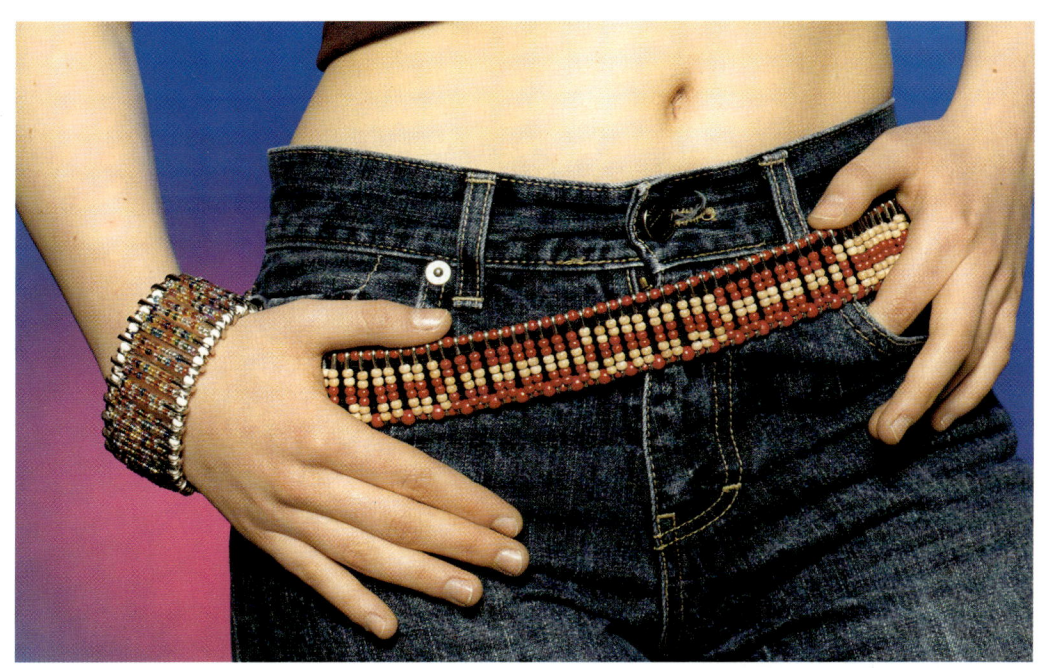

werden die Köpfe der Sicherheitsnadeln mit einer Zange zugekniffen, um ein späteres Aufspringen zu vermeiden.

Die fertigen Nadeln werden im 10er-Wechsel auf das breite Gummiband aufgezogen, an dessen Ende Sie schon eine Hälfte des Verschlusses angenäht haben. Sind alle Sicherheitsnadeln aufgereiht, sichern Sie das Ende mit einer größeren Nadel. Damit alle Nadeln den gleichen Abstand haben, ziehen Sie nun einen Magic Stretch Faden durch die Nadelköpfe und schieben jeweils 1 Perle, Ø 4 mm, in Rot zwischen die Nadeln. Der 2. Faden wird durch die Ösen der Nadeln gezogen. Zwischen den Nadelösen wird jeweils im Wechsel 1 Perle, Ø 4 mm, und 1 Perle, Ø 6 mm, aufgefädelt. Diese unterschiedliche Bestückung ist nötig, da

die Ösenseiten und die Kopfseiten der Sicherheitsnadeln unterschiedlich dick sind. Jetzt kann die andere Seite des Gürtelverschlusses angebracht werden.

Ziehen Sie das Gummiband so straff, dass alle Nadeln gleichmäßig nebeneinander liegen. Nun werden die Magic Stretch Fäden ebenfalls gleichmäßig straff gezogen und die Enden mit den an den Rändern liegenden Sicherheitsnadeln verknotet.

Damit sich die Nadeln auch bei einer Dehnung des Gummibandes gleichmäßig verteilen, müssen die beiden an den Rändern liegenden Nadeln – möglichst dicht am Verschluss – auf das Gummiband genäht werden. Die Knoten an den Fadenenden sollten mit Sekundenkleber gesichert werden, damit sie sich nicht wieder lösen können.

Halsreif in Blau und Silber

MATERIAL

1 Sicherheitsnadel, 48 mm, in Silber
2 Sicherheitsnadeln, 40 mm, in Silber
14 Sicherheitsnadeln, 34 mm,
in Silber
6 Sicherheitsnadeln, 22 mm, in Silber
1 Stiftperle, 20 mm, in Silber
2 Stiftperlen, 20 mm, in Blau
8 Stiftperlen, 12 mm, in Blau
4 Stiftperlen, 7 mm, in Silber
einige Indianerperlen, Ø 2,5 mm,
in Blauweiß gestreift
42 Rocailles, Ø 5 mm, in Blau,
einige Indianerperlen,
Ø 2,5 mm, in Blau
einige Rocailles, Ø 2,7 mm,
in Transparent mit Silbereinzug
1 Halsreif mit Steckverschluss

Die längste Sicherheitsnadel wird mit 1 Indianerperle in Blau, 1 Rocaille mit 5 mm Ø, 1 Indianerperle in Blau, der silbernen Stiftperle, 1 Indianerperle in Blau, 1 Rocaille mit 5 mm Ø und 1 Indianerperle in Blau bestückt. Auf die beiden Nadeln mit einer Länge von 40 mm ziehen Sie 1 Stiftperle von 12 mm Länge, 1 Rocaille in Transparent und wieder 1 Stiftperle von 12 mm Länge auf. 2 Nadeln von 34 mm Länge werden mit

1 Indianerperle in Blau, 1 Stiftperle von 7 mm Länge, 1 Rocaille in Transparent, 1 großen Rocaille in Blau, 1 Rocaille in Transparent und wieder 1 Stiftperle von 7 mm Länge bestückt. Auf 2 weitere Nadeln ziehen Sie 1 große Rocaille, 1 Stiftperle von 12 mm Länge und wieder 1 große Rocaille auf. Die nächsten beiden Nadeln bestücken Sie jeweils im Wechsel mit Rocailles in Transparent und in Blau. Auf die nächsten beiden Nadeln ziehen Sie 3 x 2 blaue und 2 blauweiß gestreifte Indianerperlen im Wechsel auf. Die folgenden 2 Nadeln werden mit je 1 Stiftperle von 20 mm Länge in Blau bestückt. 2 weitere Nadeln werden abwechselnd mit Indianerperlen in Blau und Rocailles in Transparent bestückt. Die letzten beiden Nadeln mit einer Länge von 34 mm verzieren Sie nur mit Indianerperlen in Blauweiß gestreift.

Nun folgen die kurzen Nadeln mit einer Länge von 22 mm: Bestücken Sie 2 Nadeln jeweils mit 1 Stiftperle von 12 mm Länge, 2 Nadeln mit transparenten Rocailles und blauen Indianerperlen im Wechsel und die letzten beiden Nadeln mit blauen und blauweiß gestreiften Indianerperlen im Wechsel. Kneifen Sie alle Nadeln mit einer Zange fest zusammen und ziehen Sie sie abbildungsgemäß auf. Als Abstandshalter dient jeweils 1 große Rocaille. Beenden Sie Ihr Werk, indem Sie links und rechts noch je 3 große Rocailles als Abschlussperlen aufziehen.

Kette in Silber und Blau

MATERIAL

5 Sicherheitsnadeln, 48 mm, in Silber
4 Sicherheitsnadeln, 40 mm, in Silber
6 Sicherheitsnadeln, 34 mm, in Silber
26 Wachsperlen, Ø 6 mm, in Blau
8 Wachsperlen, Ø 6 mm, in Silber
einige Indianerperlen, Ø 2,5 mm,
in Blau
einige Indianerperlen, Ø 2,5 mm,
in Türkis
einige Rocailles, Ø 2,7 mm,
in Hellblau
einige Rocailles, Ø 2,7 mm,
in Transparent
14 Indianerperlen, Ø 5 mm, in Blau
4 Stiftperlen, 6 mm, in Silber
17 flache Oliven, 12 mm, in Blau
1 Perlonfaden, Ø 0,3 mm,
von ca. 80 cm Länge
1 Kettenverschluss in Silber

Bei dieser Kette wurden die Oliven von einer alten Modeschmuckkette verarbeitet.
Bestücken Sie 1 große Sicherheitsnadel mit 1 blauen Wachsperle, 1 Olive und 1 blauen Wachsperle. 2 weitere große Nadeln verzieren Sie mit silbernen Wachsperlen und Indianerperlen von 5 mm Ø im Wechsel. Die letzten beiden großen Sicherheitsnadeln gestalten Sie mit blauen Wachsperlen und Indianerperlen von 5 mm Ø im Wechsel. Auf 2 der mittelgroßen Sicherheitsnadeln ziehen Sie 3 hellblaue Rocailles auf, schieben dann, jeweils im Wechsel, 5 blaue Indianerperlen mit 2,5 mm Ø und 4 Rocailles in Transparent auf die Nadel und fädeln zum Schluss wieder 3 hellblaue Rocailles auf. Die anderen beiden Sicherheitsnadeln mit einer Länge von 40 mm verzieren Sie mit hellblauen Rocailles und blauen Indianerperlen mit 2,5 mm Ø im Wechsel. 2 der kleinen Sicherheitsnadeln werden mit je 1 kleinen blauen Indianerperle, 1 kleinen Stiftperle, 1 blauen Wachsperle, 1 kleinen Stiftperle und 1 kleinen blauen Indianerperle bestückt. 2 weitere kleine Nadeln gestalten Sie mit je 1 hellblauen Rocaille, 1 Olive und 1 hellblauen Rocaille. Auf die letzten beiden Nadeln schieben Sie 4 x 1 türkisfarbene Indianerperle und 3 x 3 kleine blaue Indianerperlen (jeweils im Wechsel). Kneifen Sie die Nadelköpfe mit einer Zange fest zu und ziehen Sie sie entsprechend der Abbildung auf den Perlonfaden auf. Als Abstandshalter zwischen den Nadeln werden blaue Wachsperlen aufgezogen. Fädeln Sie links und rechts davon je 7 Oliven im Wechsel mit hellblauen Rocailles auf.
Anschließend ziehen Sie hellblaue und kleine blaue Indianerperlen im Wechsel auf, bis Sie die gewünschte Kettenlänge erreicht haben. Knoten Sie den Kettenverschluss an und sichern Sie die Knoten mit Sekundenkleber.

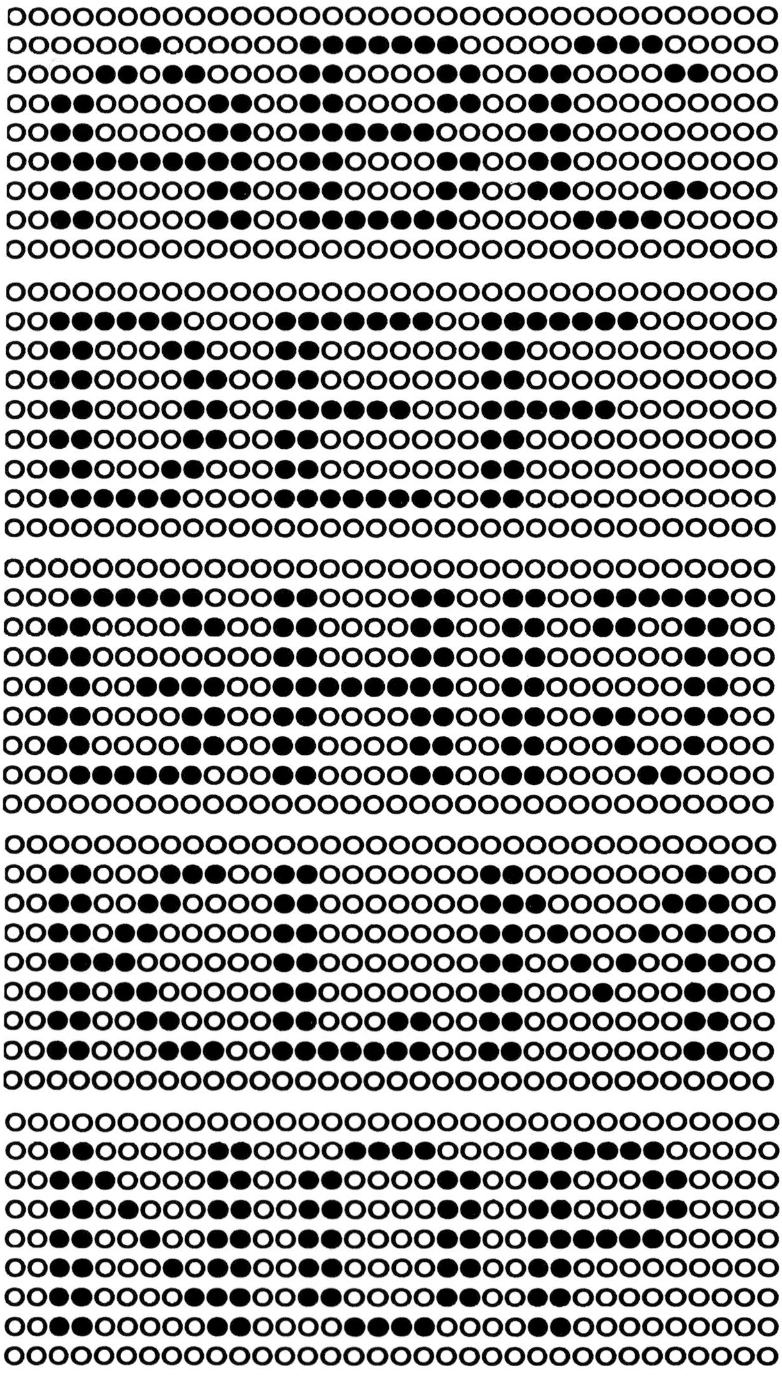

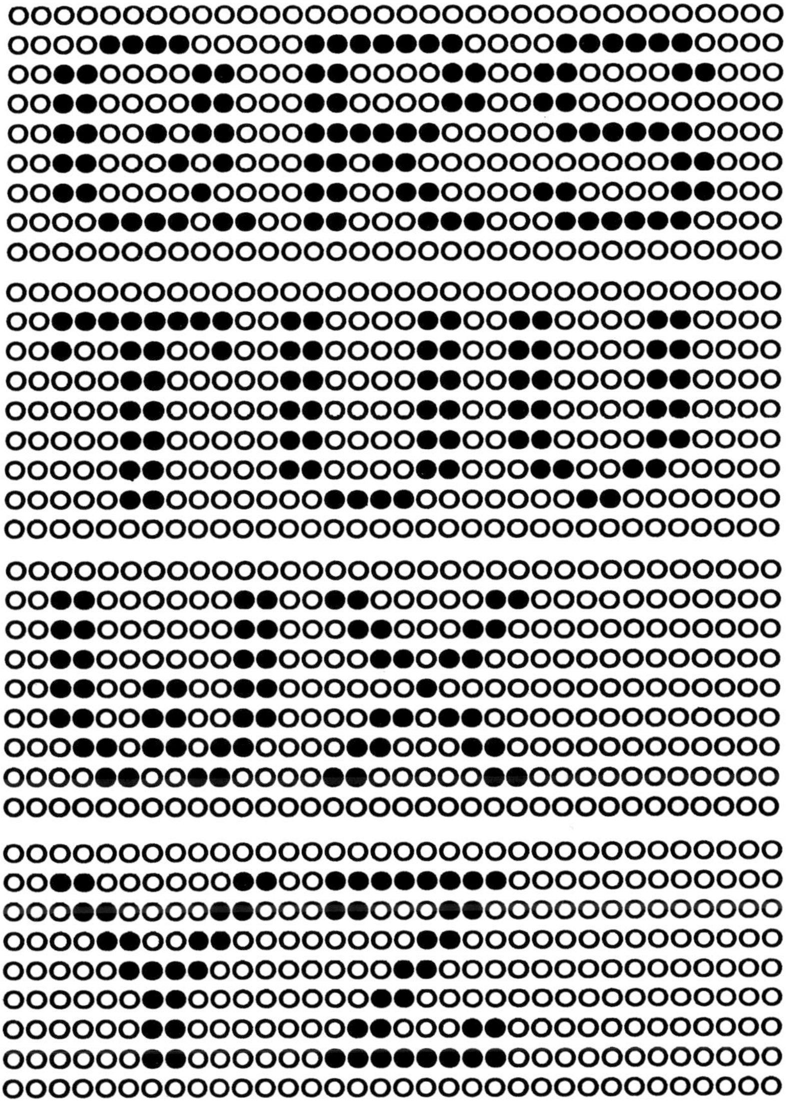

Wir danken der Firma Creative Hobbies für die hilfreiche Unterstützung bei diesem Buch.

Die Deutsche Bibliothek – CIP-Einheitsaufnahme
Ein Titeldatensatz für diese Publikation ist bei Der Deutschen Bibliothek erhältlich.

ISBN 3-332-01241-X

www.dornier-verlage.de
www.urania-ravensburger.de
© 2001 Urania-Ravensburger in der Dornier Medienholding GmbH, Berlin
Alle Rechte vorbehalten
Umschlaggestaltung: Behrend & Buchholz, Hamburg
Fotos: die licht gestalten GmbH, Berlin
Lektorat: Eva Hauck
Layout: Berliner Buchwerkstatt, Britta Dieterle
Druck: Messedruck Leipzig GmbH
Printed in Germany

Gedruckt auf alterungsbeständigem Papier mit chlorfrei gebleichtem Zellstoff.

Die Schreibweise entspricht den Regeln der neuen Rechtschreibung.

04 03 02 01   4 3 2 1